Marketing de Instagram

Una completa guía orientada al crecimien to de tu marca en Instagram

Índice

Introducción

Las redes sociales han arrasado con el mundo en las últimas dos décadas, y han llegado para quedarse. Cabe decir que Instagram es probablemente una de las plataformas de redes sociales más utilizadas y exitosas del mundo. Hay casi 1.000 millones de usuarios que utilizan activamente esta plataforma a la que sólo supera Facebook. Lo importante es que tienes la oportunidad de llegar a todas estas personas si utilizas Instagram de la manera correcta.

Instagram tiene una interfaz sencilla y fácil de usar que la hace accesible para casi todo el mundo. Ya no es sólo una plataforma para compartir fotos y vídeos con tus amigos y familiares. Todas las empresas con una estrategia de marketing actualizada tienen ahora presencia en línea en Instagram, esto porque reconocen el inmenso valor de la gran base de usuarios registrados en ella. Y ha funcionado eficazmente para muchas marcas. Otra ventaja es que Instagram ha estado trabajando constantemente en la actualización de sus características para que sea mucho más funcional para los vendedores. Ahora la única pregunta es si serás capaz de hacer que funcione para ti también.

En los siguientes capítulos, aprenderás sobre una variedad de estrategias de marketing y tendrás acceso a un montón de consejos que te ayudarán a aprovechar Instagram de la mejor manera posible. Si quieres utilizar Instagram para hacer marketing, es necesario que vayas paso a paso. Una vez que hayas terminado de leer esta sencilla guía, sabrás exactamente qué pasos debes seguir para empezar a comercializar tu negocio en Instagram con éxito.

Capítulo 1: ¿Qué es el marketing en Instagram?

Así que quieres aprender sobre el marketing de Instagram y hacer crecer tu marca con éxito a través de Instagram. Antes de empezar a crear campañas publicitarias o de llegar a los influencers, debes conocer los aspectos básicos.

El marketing de Instagram se incluye en el marketing de redes sociales y se centra en el uso de Instagram para promocionar un negocio. Tiene un amplio alcance, ya que el marketing de Instagram puede lograr diferentes tipos de objetivos utilizando diversas estrategias o tácticas.

El marketing en Instagram se puede hacer de dos maneras diferentes:

- A través de tácticas de pago como Instagram Ads, Promoted Posts o Influencer Marketing
- A través de tácticas no pagadas en las que la marca crece de forma orgánica a través de contenidos como historias de Instagram, posts, etc.

Normalmente, los objetivos de una empresa que invierte en marketing en Instagram incluyen las ventas, un mayor número de seguidores, un mayor compromiso y un mayor conocimiento de la marca.

Instagram tiene su propio algoritmo que determina lo que los usuarios verán en su feed. El término "*algoritmo*" en sí mismo es bastante incomprendido. No es necesario que entiendas cada pequeño detalle de cómo funciona el algoritmo de Instagram para que lo hagas funcionar a tu favor. Sólo necesitas entender lo básico para utilizarlo y lograr tus objetivos de marketing en Instagram. El algoritmo se explica con más detalle en el siguiente capítulo de esta guía.

Hay muchos vendedores e incluso usuarios que sienten que el algoritmo de Instagram es su enemigo. Esto es lo contrario de lo que pretende el algoritmo. El objetivo final de este algoritmo es dar a los usuarios una experiencia optimizada en la plataforma. Pretende mostrar a los usuarios contenidos entretenidos, relevantes y atractivos para ellos de forma individual. Se estudia la actividad y el comportamiento de los usuarios para decidir qué pueden querer ver en su feed en el futuro. La principal conclusión de esto es que debes crear contenido que interese y beneficie a la audiencia a la que quieres dirigirte.

Ejemplos de marketing en Instagram

Contenido orgánico

Este es un término general que incluye cualquier contenido que publiques sin pagar por él. Pueden ser vídeos, fotos o incluso Historias que no son de pago. Es importante crear contenido orgánico de forma constante para tu campaña de marketing en Instagram.

Anuncios de Instagram

Un enfoque más directo para el marketing de Instagram implica los anuncios de Instagram. Este contenido de pago ayudará a generar ventas frías y duras para tu marca. Los anuncios de Instagram pueden ser de diferentes tipos e incluyen anuncios de historias, anuncios de vídeo, anuncios de imágenes, etc. Los anuncios de Instagram se explican en detalle más adelante en esta guía, ya que son un componente crucial del marketing de Instagram.

Marketing de influencers

El marketing de influencers es una forma muy popular de hacer marketing en Instagram hoy en día. Los influencers son personas que han aumentado orgánicamente su número de seguidores en Instagram a través de sus contenidos. Los influencers pueden pertenecer a cualquier industria y normalmente se centran en un nicho. Los influencers están presentes en la mayoría de las plataformas de redes sociales y pueden especializarse en contenidos específicos sobre cualquier tema, desde la tecnología hasta la moda.

Las marcas deben buscar influencers de su sector para comercializar la marca a través de ellos con éxito. El marketing de influencers ayuda a generar una gran cantidad de compromiso, más seguidores y un conocimiento general de la marca. La clave del marketing de influencers es encontrar a los influencers más adecuados para la marca. Si se trata de una marca de alimentos, se debe encontrar un influenciador del sector alimentario que pueda crear contenido basado en alimentos que atraiga a sus seguidores.

Aquí tienes una idea básica para una estrategia de marketing en Instagram para tu marca:

1. Establece objetivos para tu presencia en Instagram. ¿Qué quieres conseguir con ella?

2. Determina el público objetivo al que quieres llegar a través de tu cuenta de Instagram y tus esfuerzos de marketing.

3. Haz un análisis de la competencia. Averigua qué es lo que está funcionando para otros negocios como el tuyo en Instagram. 4. Recoge datos sobre tu público objetivo.

4. Crea un calendario para todas tus publicaciones y anuncios. La constancia es la clave para vencer al algoritmo de Instagram y hacer crecer tus seguidores.

5. Construye tu marca en Instagram.

6. Trabaja en aumentar tu número de seguidores a través de canales orgánicos y de pago.

7. Convierte los seguidores de Instagram en clientes reales para tu negocio.

Al leer esta guía, aprenderás cómo hacer todo esto y más una vez que abras una cuenta de negocio en Instagram. La estrategia juega un papel importante en el marketing en redes sociales, y no se trata sólo de crear una cuenta en todas las plataformas posibles. Si quieres utilizar Instagram en tu beneficio, asegúrate de centrarte realmente en ella. Esta plataforma funciona mejor para las empresas que están constantemente activas en ella. Instagram también es bastante diferente de la mayoría de los otros sitios web de medios sociales y requerirá un enfoque diferente. Si dedicas tiempo y esfuerzo, las recompensas que puedes obtener del marketing en Instagram merecen la pena.

Capítulo 2: Instagram para hacer crecer tu negocio

Instagram se puede utilizar para hacer crecer su negocio y establecerse sólidamente en su industria. Hay muchas maneras de hacerlo con el marketing de Instagram.

Si quieres utilizar Instagram para los negocios, lo primero que debes hacer es crear una presencia en Instagram para tu marca.

Crear una cuenta

El primer paso hacia el éxito en Instagram es, obviamente, crear una cuenta para tu marca en la plataforma. Es tan sencillo como descargar la aplicación en tu dispositivo y utilizar tu id de correo electrónico o tu número de teléfono para registrarte. Está disponible tanto para dispositivos Android como iOS. Crea un nombre de usuario único que facilite a los usuarios buscarte y recordar tu cuenta. Establece una contraseña segura y ya está. Con estos sencillos pasos, tu marca ya tiene presencia en Instagram.

Pasar de una cuenta personal a una cuenta comercial

Como vas a utilizar esta cuenta para construir tu marca, opta por la opción de cuenta de empresa. En tu perfil, ve a Configuración y haz clic en Cuenta. Verás la opción de "Cambiar a una cuenta profesional". Pulsa en la opción Profesional y sigue las indicaciones. El uso de esta opción de cuenta profesional te permite utilizar las funciones de Instagram creadas especialmente para las empresas. Cuando tu cuenta está en el modo de cuenta personal, puedes elegir mantenerla como privada. Esto significa que la gente sólo verá tus publicaciones si aceptas su solicitud de seguimiento. Las cuentas de negocios están automáticamente en modo público, lo que significa que cualquier persona en Instagram puede ver tus publicaciones. Es importante estar en modo Público, para que tus publicaciones tengan la oportunidad de aparecer en la página de Exploración de Instagram. Esto te permitirá llegar a más usuarios con tu contenido.

Funciones de la cuenta de empresa de Instagram

Compras en Instagram

Esta actualización es relativamente nueva y permite a las cuentas comerciales añadir enlaces directos a sus productos etiquetando sus publicaciones. Si se publica una foto con un determinado conjunto, se puede etiquetar la ropa con un enlace que llevará al usuario a la página del producto. Ya no tienen que buscar los productos en los sitios web. Es una forma muy cómoda para que la gente compre las cosas que ve en Instagram. Instagram Checkout se está implantando poco a poco en la mayoría de los países. Esto da a los usuarios la oportunidad de completar todo el proceso de compra en el propio Instagram en lugar de ser dirigidos a otro sitio.

Anuncios de Instagram

Las herramientas publicitarias de Instagram son las mismas que las de Facebook. Puedes utilizarlas para configurar campañas publicitarias para tu marca en Instagram, y hacer un seguimiento de su rendimiento utilizando una variedad de métricas. Más adelante aprenderás más sobre los anuncios de Instagram.

Instagram Insights

Para cualquier negocio, es importante prestar atención a las analíticas. Cuando cambias al modo de cuenta empresarial en Instagram, obtienes acceso a las analíticas de Instagram. Esto te da información sobre las vistas del perfil, los clics en el sitio web, los clics en el correo electrónico, el alcance, las impresiones y más. Todo esto te da una idea de cómo están funcionando tus publicaciones en Instagram. También obtienes datos demográficos sobre la edad, el sexo, el pico de actividad y la ubicación de tus seguidores. Toda la información que obtengas de esta función será valiosa para el crecimiento de la marca. Te ayudará a entender cómo funciona cada publicación y también te ayudará a mejorar tu estrategia de marketing.

Respuestas rápidas y buzones de mensajes primarios y generales

La función de respuestas rápidas te permite configurar respuestas instantáneas a los mensajes de tus seguidores. De este modo, te resultará muy fácil responder a todos los mensajes que llegan a tu bandeja de entrada. También puedes clasificar tus mensajes en dos carpetas: principal y general.

Botón de llamada a la acción y opciones de contacto

En una cuenta de empresa, tienes botones de "Contacto" en tu perfil. Puedes añadir una ubicación, un número de teléfono y una dirección para tu negocio. Esto facilita que los seguidores se pongan en contacto contigo con esta información. También tienes acceso a botones de acción como Reservar, Tarjetas de regalo y Pedir comida. Muchas pequeñas empresas se han beneficiado de estas funciones de la aplicación.

Promover puestos

Instagram también te da la oportunidad de promocionar tus publicaciones. Una publicación promocionada aparece en los feeds del público al que te diriges. Como verás más adelante en este libro, es bastante fácil configurar estas publicaciones promocionadas.

Enlaces para Historias de Instagram

Una vez que tu cuenta tenga más de 10k seguidores, puedes añadir enlaces directamente a tus Historias de Instagram. Tus seguidores solo tienen que deslizar hacia arriba en la historia para llegar al enlace que has añadido. Esto te da una ruta directa para generar ventas y más compromiso con la marca.

Haz crecer tu negocio con Instagram

Utiliza los siguientes consejos para hacer crecer tu negocio con Instagram:

Defina sus objetivos

Instagram es sólo una herramienta para tu negocio. Para utilizarla bien, tienes que saber para qué quieres usarla. Establecer objetivos claros es crucial. ¿Para qué quieres utilizar tu perfil de Instagram? ¿Es para aumentar el conocimiento de la marca? ¿Quieres conseguir nuevos clientes potenciales? ¿Es para crear una presencia online para tu marca? ¿Quieres vender tus productos directamente a través de Instagram? Puede ser cualquiera de estas cosas o todas. Pero tienes que saber cuál es el objetivo de tu estrategia de marketing en Instagram si quieres conseguirlo.

Defina su público

Aunque tengas acceso a millones de usuarios en la plataforma, debes conocer a tu público objetivo. Definir tu mercado objetivo te ayudará a crear contenidos y una estrategia de marketing que se adapte a ellos. Cuanto más específico sea, más fácil será dirigirse al público adecuado. Puede investigar para averiguar el rango de edad, el género, la ubicación, etc., del público objetivo. A continuación, puede crear su contenido en función de ese público. Esta información es especialmente importante cuando quieres configurar los anuncios de Instagram, ya que entonces puedes dirigirte a ese grupo demográfico específicamente.

Optimice su biografía

Dispones de 150 caracteres para tu biografía de Instagram, y debes hacer todo lo posible para que cada uno de ellos cuente. Tu biografía te da la oportunidad de causar una buena primera impresión a cualquiera que vea tu perfil por primera vez. Intenta transmitir la personalidad de tu marca lo mejor posible y convencerles de que sigan tu perfil. Puede parecer una tarea difícil, pero se puede hacer. Investiga sobre otras marcas de tu nicho que tengan un buen número de seguidores en Instagram y saca ideas para escribir tu biografía.

Su foto de perfil

Como empresa, tienes la opción de utilizar el logotipo de tu marca como foto de perfil. Esta es la mejor manera de que la gente reconozca tu negocio de un vistazo.

Contenido visualmente convincente

En Instagram todo gira en torno a lo visual, y tus publicaciones tienen que ser atractivas para quien las vea. Sin embargo, no es necesario que contrates a fotógrafos profesionales ni que compres equipos muy caros. Simplemente tienes que asegurarte de que las fotos o vídeos que subas estén bien iluminados, sean claros y estén bien compuestos. Hoy en día, la mayoría de los teléfonos inteligentes tienen buenas cámaras y funciones de edición o aplicaciones que te ayudarán a conseguir un feed de Instagram estético. Incluso si no subes fotos y en su lugar utilizas infografías o animaciones, deben tener una gran claridad y ser llamativas. Cualquier contenido visual que subas a Instagram debe ser convincente. Cuando tus fotos cuentan una historia, tu audiencia puede conectar mejor con la marca. El contenido tiene que ser atractivo para los espectadores.

Aquí varias ideas de contenidos atractivos:

- **Publicaciones entre bastidores:** Publica imágenes o vídeos sobre lo que ocurre entre bastidores en tu empresa. Pueden ser fotos de tu oficina o una historia de alguien trabajando en un producto. Esto da al usuario una experiencia más personal con la marca a través de Instagram.

- **Regrams y contenido generado por el usuario:** Comparte o sube fotos o vídeos que los usuarios hayan creado con tus productos. Esto siempre es convincente y anima a otros usuarios a crear contenido en torno a tu marca.

- **Vídeos:** Puedes subir un vídeo de hasta 60 segundos en tu feed, o un vídeo aún más largo en IGTV. Esta es una gran manera de compartir contenido con los usuarios y elaborar cualquier historia que quieras transmitir a través de una campaña de marketing.

- **Reels:** Esta nueva función es otra gran manera de compartir vídeos en un formato de varios cortes.

- **Citas u otras imágenes basadas en texto:** También puedes crear contenido interesante basado en texto para tu feed.

- **Mensajes instructivos:** Puedes utilizar la plataforma para compartir posts sobre cómo se pueden utilizar tus productos de diferentes maneras. Por ejemplo, si tienes un negocio de muebles, puedes crear vídeos en los que se muestren los muebles colocados en un espacio estético.

Cuando creas contenido atractivo, los usuarios se sentirán inspirados para compartirlo en su propio feed o a través de mensajes. Esto le ayudará a llegar a un público aún más amplio para su marca. Cuando crees contenido, céntrate en crear algo visualmente atractivo que obligue a los usuarios a compartirlo con otros.

Crea tu marca

Cuando planifiques el contenido de tu marca, debes pensar en cómo se verán las publicaciones en tu feed. Cuando alguien hace clic en tu nombre de usuario y es dirigido a tu perfil, tienes la oportunidad de causar una rápida impresión. Si les gusta lo que ven, hay muchas posibilidades de que te sigan.

Si tiene demasiado contenido aleatorio y no tiene una estética adecuada, es más difícil captar su atención. El color tiene un gran impacto en los usuarios y afectará al reconocimiento de la marca y a las decisiones de compra. Mantener una estética consistente en todas tus publicaciones ayudará a los usuarios a reconocer tu contenido más fácilmente cuando aparezca en su feed. Una forma fácil de conseguirlo es utilizar el mismo filtro o preset para todas tus publicaciones. Instagram tiene sus propios filtros que son geniales, pero también puedes usar aplicaciones como Lightroom para probar otros efectos o crear tus propios preajustes para tu cuenta. Muchos creadores venden sus presets en Lightroom también. Si te gusta el feed de alguien, puedes comprobar si vende sus preajustes o ha compartido alguna información sobre cómo edita sus imágenes.

Haz que tu pie de foto cuente

Instagram es una plataforma muy visual, pero no debes descuidar los pies de foto de tus publicaciones. La voz de la marca tiene que ir de la mano del aspecto de la marca. Puedes añadir pies de foto con un límite de 2200 caracteres. Esto significa que puedes añadir una historia detallada debajo de tu publicación o simplemente una breve y pegadiza. Las dos primeras líneas del pie de foto son las que le aparecen al usuario sin que tenga que hacer clic en la opción "más", así que tienes que tener un buen comienzo si quieres que lean el resto. Cualquier información importante debe incluirse en esas dos primeras líneas ya que, estadísticamente hablando, la mayoría de los usuarios no leen el resto. Los caracteres recomendados para los pies de foto en las publicaciones orgánicas son 140-150, y para los anuncios de Instagram son 125. Siempre puedes escribir un pie de foto más largo si tienes una historia convincente que compartir. El pie de foto debe ser siempre relevante para la publicación, entretenido y acorde con la marca.

Utiliza los hashtags con prudencia

Los hashtags ayudarán a que tu marca y tus publicaciones sean más visibles y descubribles. Cada publicación puede tener un máximo de 30 hashtags, pero esto no es una señal para añadir tantos en cada publicación. Si los usuarios ven 30 hashtags en cada publicación, podrían considerarlo como spam. Es aún peor si ninguno de esos hashtags es relevante para tu marca o la publicación. Utiliza siempre hashtags que sean específicos de tu nicho y relevantes. No utilices hashtags que fomenten el intercambio de "me gusta" o de "sigo".

Involucrar a

Si quieres tener más engagement en tu cuenta de Instagram, tú también tienes que ser atractivo. Tu contenido es importante, pero no debes olvidarte de la publicación después de subirla. Vuelve a responder a los comentarios o mensajes que dejen los usuarios. Interactúa también con ellos en sus perfiles y crea una conexión. El requisito mínimo de compromiso es responder a un comentario en tus publicaciones. También debes encontrar otras cuentas que pertenezcan a tu nicho y seguirlas o participar con comentarios y me gustas. Esto hará que tu cuenta sea más visible de forma orgánica. Esas cuentas apreciarán tu esfuerzo, y sus usuarios notarán tus comentarios y serán dirigidos a tu perfil. Cuando alguien te etiquete en su publicación, deja un like o un comentario. Si la estética encaja con tu cuenta, puedes incluso volver a publicarla en tu feed pero, si no, podrías compartirla en tus historias. Cuando revises los comentarios de tus publicaciones, ancla los de tus principales fans en la parte superior. También puedes fijar los comentarios que parezcan interesantes o que puedan fomentar las conversaciones entre otros usuarios. Si te relacionas con otros usuarios, aumentarás la tasa de participación en tu cuenta.

Publicar en Historias de Instagram

La mayoría de las empresas utilizan las historias de Instagram de forma bastante activa hoy en día. También han reportado grandes resultados al utilizar esta función para el marketing. Según las estadísticas, un tercio de las historias más vistas en Instagram son de empresas. Por eso las historias son ahora una parte importante de las estrategias de marketing de Instagram.

Como las historias desaparecen a las 24 horas, no tienes que ser tan exigente con ellas como con las publicaciones de tu feed. Los usuarios prefieren algo más crudo y divertido en las historias. Puedes utilizarlas para conectar con los usuarios a través de funciones como las encuestas. Las historias pueden utilizarse para contar una historia, proporcionar información valiosa a los seguidores o incitar a la acción a través de la función "Swipe Up". También puedes utilizarlas para construir una identidad de marca consistente al relacionarte con los usuarios. También deberías intentar volver a compartir las historias en las que te etiqueten otros usuarios.

Potencia tu sección de perfil con historias y portadas destacadas

Otra característica reciente de Instagram es el componente de destacados. Ahora puedes crear álbumes de lo más destacado de tus historias archivadas. Esto permitirá que tus contenidos más destacados puedan ser vistos por los usuarios incluso después de que hayan pasado 24 horas. Estos álbumes son visibles justo debajo de la sección general de la biografía. Puedes hacerlos más atractivos o en sintonía con el resto de tu perfil creando portadas personalizadas para los álbumes. También puedes utilizar simplemente la mejor historia como portada. Añade una etiqueta para informar a los usuarios sobre el contenido del álbum. Por ejemplo, un influencer de moda puede tener álbumes etiquetados como Outfits, Maquillaje, Zapatos, etc. Esto permite a los usuarios saber qué pueden esperar cuando hacen clic en el álbum. Si tu empresa vende productos, puedes crear álbumes para cada categoría.

Utiliza el adhesivo de cuenta atrás para lanzamientos de productos o eventos

La pegatina de la cuenta atrás en Historias es una función muy interactiva. Puedes utilizarla para crear expectación ante cualquier evento o lanzamiento de producto próximo. Proporcionará a tus seguidores una alerta para el evento si seleccionan la opción de marcar su calendario. Es una herramienta que muchas marcas utilizan para anunciar eventos como ventas o concursos. La pegatina también ofrece a los principales seguidores la posibilidad de recibir actualizaciones en tiempo real y acceder a las ofertas antes que los demás. Es una gran manera de que las marcas se aseguren de que sus productos reciben muchos pedidos en cuanto se lanzan.

Usa los Directos

La función Directos de Instagram es otra de las que las marcas deberían utilizar para conectar con su audiencia. Tiene un gran potencial ya que permite la comunicación en tiempo real con los fans de todo el mundo. Puedes utilizar la pegatina de la cuenta atrás para anunciar el horario de una sesión de Directos. Esto es algo que muchos famosos e influencers hacen antes de una sesión de Directos. Incluso puedes invertir en marketing de influencers y permitir que un influencer se haga cargo de tus historias y realice una sesión de Directos como parte de una campaña. Esto dirigirá una gran cantidad de tráfico de los seguidores de los influencers a tu propio perfil, además de fomentar la participación de tus seguidores actuales. Esta función también puede utilizarse para compartir un evento en tiempo real o acciones entre bastidores. Muchas marcas utilizan la función de Directos para compartir tutoriales u organizar talleres. Puede ser una entrevista con miembros del equipo u otras personas interesantes. También puede ser una sesión de preguntas y respuestas en la que los usuarios pueden hacer preguntas sobre la marca y sus productos o servicios.

Crear una tienda en Instagram

Las tiendas de Instagram son otra nueva función muy beneficiosa para las empresas. Esta característica sólo puede ser utilizada por las cuentas que tienen un perfil de negocio. Las marcas pueden abrir su tienda online directamente en Instagram con esto. También añade un botón de "Ver tienda" en tu página de perfil. Los fans pueden tocar esta pestaña y navegar por tu tienda sin tener que ver una publicación a la vez. La página de exploración también tiene ahora una pestaña de tienda, y se muestra a los usuarios los nuevos productos en los que podrían estar interesados. Millones de usuarios han estado utilizando esta función para comprar desde Instagram, y es una gran oportunidad para que los vendedores de Instagram la aprovechen. Los productos de las compras se pueden etiquetar en las historias, las publicaciones y en IGTV.

Crear Reels de Instagram

La pestaña Reels es otra función que se puede aprovechar. Son similares a los vídeos de TikTok, pero pueden utilizarse para mucho más que clips de baile. Las marcas han utilizado los Reels para hacer más visible su contenido, ya que la competencia es menor en este momento. Los Reels pueden utilizarse tanto para contenido orgánico como para contenido de pago.

Publicar en el momento adecuado

El momento es importante, y los análisis te darán una buena idea sobre cuándo debe publicar. No hay un momento perfecto que todas las marcas utilicen, varía de una empresa a otra y depende de factores como la ubicación. La información te dirá las horas en las que los usuarios son más activos en tu perfil cada día. De esta forma, puedes utilizarlo para elegir el momento perfecto para llegar al máximo número de usuarios cuando publiques. Las primeras horas de publicación son cruciales para lograr un mayor compromiso. Publicar en el momento equivocado puede impedir que tu publicación sea vista por gran parte de tu audiencia, así que tenlo muy en cuenta.

Utiliza los anuncios de Instagram para ampliar tu audiencia

La forma más fácil de hacer llegar tu contenido a más personas es a través de los anuncios de Instagram. Cuando hayas definido un público objetivo para tu marca, puedes utilizar estos datos demográficos para dirigirte también a los usuarios para tus anuncios. La publicidad en Instagram se explica en detalle más adelante en el libro.

Utiliza la analítica para perfeccionar tu estrategia de marketing

Puede que tu estrategia de marketing en Instagram vaya bien, pero siempre puede ir mejor. Puedes utilizar Insights y otras herramientas de análisis para aprender mucho de cualquier campaña pasada o en curso. Estos datos se pueden utilizar para mejorar tus esfuerzos de marketing en el futuro y optimizar tu contenido.

Entender el algoritmo de Instagram

El marketing en Instagram no puede funcionar si no entiendes el algoritmo de Instagram. Este escurridizo algoritmo juega un papel importante en el éxito de una publicación en Instagram. En los últimos años, es posible que hayas notado que el feed de Instagram no funciona de la misma manera que antes. Muchas personas todavía están tratando de averiguar por qué su compromiso es tan bajo y cómo pueden comenzar a llegar a más personas. Afortunadamente para ti, esta guía te ayudará a aprender lo suficiente sobre este algoritmo para sobrevivir a él.

Según Instagram, su algoritmo no oculta tus publicaciones, y sólo personaliza los feeds de los usuarios según el uso que hacen de la plataforma. Las publicaciones o cuentas con las que te relacionas y la frecuencia con la que usas la aplicación son las que deciden qué aparece primero en tu feed, y así funcionará también para tus seguidores.

Factores clave del algoritmo de Instagram

Puntualidad

El algoritmo también tiene en cuenta el momento en que se publica algo. Esto se debe a que quieren que los usuarios vean las publicaciones más recientes y atractivas. Estudiando los datos de Insights, puedes averiguar el mejor momento para publicar. Esto te ayudará a superar el algoritmo y a conseguir más me gustas y engagement en una publicación. Debes publicar a una hora en la que más seguidores estén activos. Si publicas cuando tus seguidores están inactivos, tu publicación será empujada hacia abajo en su feed, y verán otras publicaciones recientes en su lugar.

Frecuencia

Cuanto más frecuente sea tu uso de la aplicación, más cronológico será tu feed. Esto se debe a que el algoritmo intenta mostrarte el contenido más reciente. Cuanto menos frecuente sea el uso de la aplicación, menos cronológico será. En este punto, el algoritmo tendrá en cuenta las publicaciones con las que te relacionas más a menudo para determinar el orden de las publicaciones en tu feed.

Interés

Instagram tiene en cuenta los intereses del usuario a la hora de determinar qué debe mostrarse en su feed. No se trata solo de a quién sigues, sino también del tipo de publicaciones que te han gustado o has buscado en el pasado. Cuando el algoritmo cree que es más probable que te guste un determinado tipo de publicación, lo subirá a tu feed. Tu comportamiento en Instagram es lo que determina lo que ves en tu feed. Las publicaciones que comentas o que te gustan más a menudo, las cuentas con las que interactúas y las personas a las que etiquetas o en cuyas publicaciones te etiquetan serán un factor a tener en cuenta. Si quieres que tus publicaciones suban en el algoritmo, debes ser constantemente activo en la plataforma. De este modo, tu audiencia tendrá más posibilidades de ver tu contenido en su feed. Esto no significa que tengas que estar en tu teléfono constantemente. Utiliza aplicaciones como Later para programar tu calendario de publicaciones y reserva tiempo para interactuar con otras cuentas. El compromiso es importante para el algoritmo, y esto incluye los "me gusta", los comentarios, las reposiciones y las visualizaciones. Todos estos factores te ayudarán a vencer al algoritmo.

Uso

Cuanto más tiempo pases en Instagram, más publicaciones verás. Cuando pasas mucho tiempo en la aplicación, incluso puedes ver que sigues viendo las mismas publicaciones en tu feed. Es entonces cuando Instagram te mostrará las publicaciones de las cuentas que no sigues como sugerencias.

Cuanto menos tiempo pases, más específico será el contenido de tu feed.

Relación

El algoritmo también intenta dar prioridad a las publicaciones de las cuentas con las que tienes una mayor relación. Por eso, las publicaciones de tus amigos, familiares o cualquier cuenta con la que interactúes aparecerán primero en tu feed. El algoritmo calculará tu relación siguiendo la forma en que te involucras con el contenido de alguien dándole "me gusta" o comentando, o por la frecuencia con la que lo buscas o le envías mensajes. Por eso es vital que construyas relaciones con tus usuarios y te comprometas a menudo con ellos.

A quién sigues

Cuando sigues a muchas personas desde tu cuenta, el algoritmo tiene más publicaciones para elegir. Esto hace que sea difícil que veas las publicaciones de todo el mundo. Cuando sigues a menos cuentas, es más probable que estés al día de todas sus publicaciones. Es mejor dejar de seguir cuentas inactivas o seguidores fantasmas.

El algoritmo de Instagram funciona de forma similar tanto en la página de exploración como en tu feed personal. Te mostrará el contenido que cree que te interesará más y con el que participarás. Esto vendrá determinado por las interacciones que hayas tenido en el pasado con diferentes cuentas. Del mismo modo, cuando interactúes con los usuarios, será más probable que aparezcas en su feed si te siguen, o en su página de Exploración si no lo hacen. La página de Exploración siempre está evolucionando a medida que Instagram despliega nuevas características y funcionalidades. No es difícil conseguir que tus publicaciones aparezcan en la página Explorar. El algoritmo siempre hará lo posible por ofrecer a los usuarios el contenido más adecuado para ellos. Si subes contenido con subtítulos pegadizos y hashtags relevantes, utilizará esta información para mostrar tus publicaciones al público adecuado.

A continuación, te presentamos algunas formas de mejorar tu posicionamiento en el algoritmo de Instagram:

1. Utiliza las últimas funciones lanzadas por Instagram. Cuando Instagram lanza una nueva función, el algoritmo empuja el contenido creado con esas funciones. Lo hacen para promover la función y animar a más personas a adoptarla. Por ejemplo, cuando se añadió la opción IGTV, el algoritmo impulsó todo el contenido creado con ella, independientemente de la popularidad de esas cuentas. Esto dio a mucha gente la oportunidad de ganar más seguidores. Si ves una nueva función en Instagram, úsala y sube contenido.

2. Utiliza subtítulos atractivos y comenta más a menudo para impulsar las conversaciones. Instagram ha dicho que da importancia a las publicaciones que tienen mucha participación en los comentarios. Esto significa que debes intentar animar a la gente a comentar más a menudo tus publicaciones. Para ello, necesitas subtítulos atractivos. Siempre debes incluir una llamada a la acción en tu pie de foto, o al menos tan a menudo como sea posible. Puede ser una pregunta, o puedes pedirles que compartan su opinión sobre algo, o simplemente pedirles que etiqueten a un amigo.

3. Utiliza stickers en Historias de Instagram para fomentar las interacciones. Los mejores stickers para impulsar el engagement son los de preguntas, encuestas y emoji deslizantes. Son una forma rápida y sencilla de que la gente interactúe con tu cuenta. Incluso puedes utilizar estos stickers para investigar para tu negocio ya que te permite obtener información sobre lo que tus seguidores quieren o les gustaría ver de tu negocio.

Depende de ti averiguar la mejor manera de mejorar la clasificación de tu negocio en el algoritmo. Utiliza las analíticas para entender cómo se puede involucrar mejor a tus seguidores y no dudes en probar las nuevas funciones de Instagram cuando estén disponibles por primera vez. Participa regularmente con tus seguidores y anímalos a interactuar contigo a través de comentarios, encuestas y preguntas en tus historias.

Capítulo 3: Estrategias para hacer crecer tu audiencia en Instagram

Se trata de construir tu audiencia en Instagram. Cuantos más seguidores tengas, mayor será la audiencia a la que llegues y más clientes potenciales tendrás para tu negocio. Por eso es fundamental poner en práctica estrategias que te ayuden a aumentar orgánicamente tus seguidores en Instagram.

El término *"orgánico"* es importante aquí porque muchas personas y empresas recurren a la compra de seguidores o al pago de más me gustas en sus publicaciones. Puede parecer un truco fácil pagar un poco de dinero por más seguidores/me gustas, pero ¿realmente te ayuda? La respuesta es un claro no. La mayoría de estos seguidores o me gustas serán de cuentas fantasmas o bots. No estarás generando nuevos leads para tu negocio. Tu contenido no estará llegando a la audiencia a la que quieres dirigirte. El crecimiento inorgánico sólo le dará un mayor número de seguidores y de "me gusta". Pero estos números no tendrán ningún valor.

Cuando lo haces de la manera correcta y te centras en el crecimiento orgánico, verás un crecimiento lento pero constante que es significativo. No puedes dar por hecho que tu número de seguidores empezará a crecer sólo porque tengas una cuenta y empieces a publicar contenidos. La aplicación ha pasado por muchos cambios en la última década, y se está trabajando constantemente en ella. Con cada ajuste que hace el equipo de Instagram, tienes que hacer cambios en tu propia estrategia de Instagram. Es importante entender los entresijos de cómo funciona y se adapta la aplicación. Dicho esto, hay varias estrategias de crecimiento probadas que puedes probar para que tu negocio solidifique la presencia de tu marca en Internet.

El crecimiento de Instagram suele verse sólo como un aumento en el número de seguidores. Pero hay que trabajar en la exposición de la marca, en el compromiso de la cuenta y en un mejor contenido para conseguir este aumento de seguidores. ¿Por qué la gente seguiría tu cuenta si no los involucras con contenido que les atraiga? Una vez que empieces a publicar, puedes usar Instagram Insights para entender lo que le gusta a tu audiencia. A continuación, puedes utilizar estos datos para hacer crecer tu negocio aún más. No optes por ningún servicio que te dé seguidores y me gustas falsos a cambio de pagos. Perjudicará a tu negocio e incluso puede hacer que tu cuenta sea expulsada de la plataforma.

Estrategias de crecimiento

Consistencia

La consistencia es la clave cuando se trata de Instagram. Esta es una de las cosas básicas que debes recordar. Debes publicar contenido con frecuencia y mantener a tu audiencia comprometida. Esto no significa que tengas que publicar varias veces al día o incluso todos los días. Pero no puedes publicar todos los días durante un mes y de repente dejar de publicar durante el mes siguiente. Lo ideal es publicar al menos 4 o 5 veces por semana. Incluso puedes publicar una vez al día si tienes contenido atractivo preparado. No puedes depender de que una sola publicación se convierta en viral y haga popular tu cuenta de una sola vez. Tienes que crear contenido y publicar con una frecuencia que te permita llegar a tu público objetivo en su momento más activo. Puedes consultar tus análisis para determinar el calendario de publicaciones de tu cuenta. Publicar en el momento adecuado y con constancia es importante si quieres conseguir un mayor compromiso. Si tienes un horario de publicación consistente, tu audiencia sabrá cuándo puede esperar tu próxima publicación. Debes asegurarte de no comprometer la calidad del contenido sólo para cumplir con el calendario de publicaciones. Hay mucho contenido que se sube constantemente a Instagram, y tienes que destacar si quieres tener más seguidores. Si publicas contenido de baja calidad, tus seguidores actuales podrían optar por dejar de seguirte también.

Realiza concursos y promociones

El hecho es que a todo el mundo le gusta un regalo o un
descuento. Esto es algo que no va a cambiar y se aplica a personas
de todos los grupos demográficos. Como vendedor, es
importante publicar y ofrecer cosas que los consumidores
realmente quieren. No tienes que seguir ofreciendo descuentos o
regalos gratis y hacer que tu negocio se hunda. Aunque ofrezcas
una promoción o un descuento un par de veces al año, la gente
lo esperará. Tienes que averiguar qué puedes permitirte y qué
hará avanzar tu negocio. Cuando publicas contenido con códigos
de descuento o promociones, llama la atención del consumidor y
le anima a seguirte para estar al día de futuras ofertas. Organizar
un concurso también es una buena forma de aumentar el número
de seguidores. El concurso puede tener reglas como "Etiqueta a
3 amigos y haz que sigan la cuenta" o "Vuelve a publicar esto en
tu cuenta". La mayoría de la gente está dispuesta a seguir esa
llamada a la acción a cambio de la posibilidad de ganar un
premio. Si organizas un concurso u ofreces una promoción una
vez al mes o incluso cada tres meses, es probable que tus
seguidores se queden para el siguiente.

Céntrate en el buen contenido

El contenido es el rey. Lo que publiques en tu cuenta marcará la
diferencia. Dependiendo del tipo de negocio que tengas o del tipo
de marca que quieras hacer, crea contenido relativo y atractivo.

Invierte tiempo y, si es necesario, dinero en contenido. Ya no se trata sólo de tus publicaciones en el feed de Instagram. Instagram ahora te permite subir vídeos IGTV, Reels y Historias. Debes diversificar el contenido que produces tanto como sea posible para que puedas utilizar todas las funciones de la plataforma y atraer a los usuarios de manera constante. Incluso si no tienes un gran contenido para publicar en tu feed, mantente comprometido con los usuarios subiendo Historias de Instagram. Estas no requieren mucho esfuerzo y pueden ser una forma divertida de conectar. Comparte lo que está ocurriendo entre bastidores o casi cualquier cosa que quieras en tus Historias. Hay un montón de filtros divertidos que puedes utilizar para hacer tus historias atractivas también. También puedes crear y subir tu propio filtro en la aplicación y hacerlo accesible a los usuarios. También puedes crear gifs o stickers para tu negocio y animar a tus seguidores a usarlos en sus propias Historias de Instagram. Hay muchas maneras de utilizar las Historias para atraer a los usuarios. Echa un vistazo a las cuentas populares del mismo sector que la tuya y comprueba qué tipo de contenido les funciona mejor.

Promoción multiplataforma

Las plataformas de redes sociales son todas útiles a su manera. No te ciñas únicamente a Instagram y, en su lugar, crea una presencia en las principales plataformas de las que pueda beneficiarse tu negocio. Crea y publica contenido en cada una de estas plataformas, y luego aprovecha los seguidores de cada una de ellas para aumentar tu número de seguidores también en Instagram. La mayoría de las personas, así como las empresas, tienen varias cuentas en las redes sociales. Instagram, Facebook, Twitter y Pinterest son algunas de las principales en las que puedes centrarte. Cada plataforma tiene su propia fuerza, y debes tratar de crear contenido con esa plataforma específica en mente. Puedes ofrecer promociones o concursos en otras plataformas como forma de animar a los usuarios a seguir tu cuenta de Instagram. En una plataforma como Pinterest, es fácil ganar más exposición para tu contenido visual. Puedes publicar tu contenido de Instagram en Pinterest y dirigir a los usuarios a tu cuenta de Instagram. También es más fácil ganar visitas a una sola publicación en Pinterest durante más tiempo que en Instagram.

También puedes promocionar tu cuenta de Instagram en otros espacios digitales. No es necesario ceñirse únicamente a las redes sociales. Envía boletines o sube anuncios digitales que incluyan un enlace a tu cuenta de Instagram.

Si tienes una tienda física o una oficina, puedes animar a los clientes a seguir tu cuenta de Instagram a cambio de un pequeño descuento. Añade un código QR en tus envases o facturas para que los clientes encuentren tu cuenta rápidamente.

Las promociones cruzadas te ayudan a llevar clientes de otras plataformas a tu Instagram y es una forma fácil de aumentar el número de seguidores.

Aumenta el compromiso

Un mayor compromiso con los seguidores y clientes potenciales le ayudará a construir una relación con ellos. Se sentirán más conectados con su marca y es más probable que se mantengan fieles durante más tiempo. No se trata sólo de publicar algo y esperar a que la gente lo vea. Utiliza el pie de foto para aumentar el compromiso haciendo una pregunta o añadiendo una llamada a la acción. En la pestaña de Historias, realiza encuestas o sesiones de preguntas y respuestas. Responde a los comentarios de tus publicaciones y a los mensajes directos. Dedicar tiempo a conectar con tus clientes dará sus frutos a largo plazo. También puedes crear una comunidad para tus clientes a través de foros o grupos de chat. Esto le permitirá conocer sus necesidades y deseos y crear una comunidad en torno a su marca. Cuando los usuarios se sienten conectados a tu marca, es más probable que te recomienden a otros. También deberías intentar dejar un "me gusta" o un comentario en las publicaciones de tus seguidores. Aumentar el tiempo de participación es un aspecto importante para aumentar el número de seguidores.

Conéctate con personas influyentes

El marketing de influencers es importante en estos tiempos. Puedes invertir dinero en conectar con influencers que creen contenido en línea con tu marca. Si publican contenido que promocione tu marca en su cuenta, dirigirá a sus seguidores a tu página. Esta es una forma fácil de ganar más seguidores. No tienes que gastar mucho en grandes influencers si tu presupuesto es bajo. Los microinfluencers son igual de eficaces para ayudar a las marcas a crecer. Encuentra influencers que se centren en tu nicho y que trabajen contigo por un coste razonable. Puedes ayudarles promocionándolos también en tu cuenta. De este modo, podéis hacer promoción cruzada entre vosotros. Trabajar con influencers también ayuda a crear confianza en tu empresa. Sus seguidores ya confían en sus recomendaciones, y esto hace que también confíen en tu empresa. Cuando los influencers publican sobre tu marca y hablan con sus seguidores sobre ti, esto conduce a un crecimiento orgánico de tu cuenta.

Utilizar los Hashtags

Los hashtags son una forma sencilla de que la gente busque contenidos. Puedes añadir hasta 30 hashtags en cada publicación que subas a Instagram. Estos hashtags funcionan como las palabras clave utilizadas para buscar cosas en los motores de búsqueda, pero debes investigar para encontrar los hashtags más populares relacionados con tu negocio y contenido. No utilices hashtags al azar que no tengan nada que ver con tu marca o tu contenido. Si tu negocio es sobre salud y fitness, utiliza hashtags relacionados con ese nicho. No utilices hashtags que no tengan nada que ver o sean irrelevantes. No utilices hashtags aleatorios como #like o #love. Los usuarios harán clic en tu publicación cuando la vean en sus resultados de búsqueda y puede que incluso sigan tu cuenta si les gusta tu contenido.

Incluso puede intentar crear algunos hashtags que sean específicos de su marca. Los hashtags específicos de la marca son una forma fácil de hacer que tu marca sea más buscable. También es algo que otros usuarios pueden utilizar cuando compran productos tuyos o simplemente quieren mencionarte en su propia publicación. También puedes crear hashtags para cualquier concurso o promoción que organices. Entre las condiciones del concurso puede figurar el uso de estos hashtags en los repositorios o en las historias para poder optar a ellos. También puedes animarles a utilizar estos hashtags en otras plataformas y hacer lo mismo en toda tu presencia online.

Aunque se te permite utilizar 30 hashtags para tu publicación, esto no significa que tengas que hacerlo. Es más importante utilizar los hashtags adecuados. Usar demasiados y añadir palabras al azar sólo hará que tu publicación parezca spam. También puedes evitar un pie de foto poco atractivo utilizando los hashtags en tu sección de comentarios. Si te fijas en los influencers y marcas más populares, verás que rara vez utilizan más de 5-6 hashtags para cada post.

Capítulo 4: Anuncios en Instagram

¿Qué es la publicidad en Instagram?

La publicidad en Instagram es la forma de pagar por el contenido patrocinado para que se muestre a un público objetivo más amplio en Instagram. Se utiliza para dar a conocer la marca, aumentar el tráfico del sitio web, generar clientes potenciales y realizar conversiones. En sintonía con el concepto general de la plataforma, los anuncios son en forma de imágenes o vídeos, y no de texto.

Invertir en anuncios de Instagram le permitirá realizar campañas completas para su negocio. Es útil en todas las etapas del embudo, es extremadamente eficaz para aumentar el conocimiento de la marca e impulsar las conversiones.

He aquí por qué deberías invertir en anuncios de Instagram:

Se integran con Facebook Ads

La publicidad en Facebook tiene grandes opciones de personalización de campañas y diversos formatos. Cuando inviertes en publicidad en Instagram, también obtienes estos beneficios ya que están totalmente integrados. El alto engagement de Instagram, junto con las capacidades de

segmentación de Facebook, ayudarán a que tu campaña sea un éxito.

Amplias oportunidades de participación

Los usuarios de Instagram están interesados en interactuar con las marcas en la plataforma. Según las estadísticas, los usuarios son 50 veces más propensos a comprometerse con los anuncios en Instagram que en Facebook, y casi el doble de nuevo en comparación con el contenido de marca en Twitter.

El recuerdo de los anuncios es mayor en Instagram

No se trata solo de la mayor participación en Instagram. El recuerdo de los anuncios en la plataforma es casi tres veces superior al de otros sitios. Es mucho más probable que los usuarios hagan clic en los anuncios y los recuerden cuando los ven en Instagram.

Ya sabes que hay millones de usuarios en Instagram. Al menos 500 millones de usuarios están activos en ella cada día. Esto es razón suficiente para estar en la plataforma también para su propia marca. Es probable que casi todos, si no todos, sus competidores ya estén allí y utilicen los beneficios del marketing de Instagram. Las estadísticas muestran que alrededor del 53%

de los usuarios siguen las cuentas de sus marcas favoritas en Instagram. El compromiso con la marca es diez veces mayor que en Facebook, 80 veces mayor que en Twitter y 50 veces mayor que en Pinterest. Esto debería ser suficiente para convencerte de que utilices también los anuncios de Instagram para tu negocio.

Es extremadamente fácil crear y ejecutar anuncios en Instagram. Aquí tendrás un tutorial paso a paso sobre cómo hacerlo tú mismo.

Cómo publicar anuncios en Instagram

Paso 1: Ir al Administrador de anuncios en Facebook

Para empezar con la publicidad en Instagram, tienes que utilizar el Ad Manager de Facebook. Instagram no tiene ningún gestor de anuncios específico en su plataforma. A partir de ahí, pasarás por niveles como Campaña y Conjunto de anuncios. Puedes utilizarlos para crear un único conjunto de anuncios con varios anuncios, o una única campaña con varios conjuntos de anuncios. Cuando esté en el nivel de campaña, elegirá el objetivo del anuncio. Cuando esté en el nivel de conjunto de anuncios, decidirá el público objetivo, la programación, el presupuesto, la puja y las ubicaciones. Una vez que esté en el nivel de anuncio, tendrá que decidir el componente creativo.

Paso 2: Elegir un objetivo a nivel de campaña

Lo primero que debes hacer al crear un anuncio para Instagram es elegir el objetivo de tu campaña publicitaria. Tendrás que elegir entre los siguientes objetivos que aparecen en cada epígrafe:

Conciencia: Alcance, conocimiento de la marca

Consideración: Compromiso, tráfico, instalaciones de aplicaciones, mensajes, visualizaciones de vídeos, generación de clientes potenciales

Conversión: Conversiones, visitas a la tienda, ventas por catálogo

- La conciencia de marca sirve para mostrar el anuncio que creas a un público que podría estar interesado en tu marca
- El alcance sirve para mostrar el anuncio al mayor número posible de usuarios en Instagram
- El tráfico es para fomentar más visitas a su sitio web
- El compromiso sirve para aumentar la participación en tus publicaciones en forma de comentarios, "me gusta", respuestas a eventos, acciones o reclamaciones de ofertas.
- App Installs animará a los usuarios a descargar su aplicación

- Las visualizaciones de los vídeos son para dar prioridad al aumento de las visualizaciones de tus vídeos
- La generación de clientes potenciales dirigirá a los usuarios a un formulario de generación de clientes potenciales cuando hagan clic en el anuncio
- Los mensajes animarán a los usuarios a enviar un mensaje a tu marca para cualquier consulta directamente
- Las conversiones tendrán como objetivo generar más conversiones como compras, registros o inscripciones por correo electrónico
- Las visitas a las tiendas son para las empresas que tienen tiendas físicas en algunos lugares, y esto animará a los usuarios a visitar las tiendas
- La venta por catálogo mostrará artículos del catálogo de productos de Facebook de tu empresa a los usuarios que puedan estar interesados

Debe elegir objetivos que se ajusten a las metas del anuncio que está creando. Debe tener una idea clara de lo que quiere de la campaña. Si quiere que su anuncio en vídeo impulse las conversiones, seleccione el objetivo de conversiones. Si seleccionas el objetivo de visualizaciones del vídeo, sólo aumentará las visualizaciones de tu anuncio, pero no se centrará en generar ninguna conversión real a partir de las

visualizaciones. Facebook utilizará el objetivo que elijas para decidir el público al que mostrará tus anuncios. Así es como se optimiza la audiencia de los anuncios.

Paso 3: Tomar decisiones a nivel de conjunto de anuncios

Después del nivel de campaña, se pasa al nivel de conjunto de anuncios. Si utiliza el anuncio para enviar tráfico a otro lugar, elegirá el lugar exacto al que dirigir el tráfico. Puede ser a su aplicación, a su sitio web o incluso a la mensajería.

A continuación, verá la oferta para impulsar las conversiones.

Después de esto, obtienes opciones de segmentación. Tienes acceso a todas las grandes opciones de segmentación de Facebook cuando creas un anuncio para Instagram. Puedes dirigirte a clientes potenciales tanto en frío como en caliente.

Los usuarios pueden ser dirigidos en base a datos demográficos como:

- Edad
- Género
- Cargo
- Situación de los padres
- Educación

- Estado de la relación
- Lenguas habladas
- Ubicación

La segmentación también puede hacerse en función del comportamiento y los intereses, por ejemplo:

- Propietarios de perros
- Dieta
- Compradores en línea
- Deportes y actividades al aire libre

Si no dispones de audiencias personalizadas, puedes utilizar la función de segmentación por conexión. Con ella, puedes dirigirte a personas que estén o no conectadas a tu aplicación, página o eventos. Por ejemplo, si seleccionas la opción de páginas de Facebook en Conexiones, puedes elegir entre las personas a las que les gusta tu página o los amigos de los usuarios a los que les gusta tu página. También puedes excluir a las personas a las que ya les gusta tu página y dirigirte a un nuevo público.

Puedes crear un público personalizado al que dirigirte como:

- Una lista de direcciones de correo electrónico de sus clientes
- Personas que visitan su sitio web o página en un periodo de tiempo determinado

- Personas que han interactuado previamente con el contenido de tu perfil de Instagram o han visto tu vídeo durante un tiempo determinado

Una vez que haya creado una audiencia personalizada para su anuncio, puede crear una audiencia similar que le ayudará a llegar a clientes similares a la lista de audiencia segmentada que ha creado.

Paso 4: Colocación de anuncios

En Colocaciones, las colocaciones automáticas ya estarán seleccionadas por Facebook. Tienes la oportunidad de cambiar estas colocaciones si haces clic en "Editar colocaciones".

Puedes elegir otras ubicaciones cuando ejecutes anuncios de Instagram en el newsfeed. Pero si ejecutas anuncios en Historias de Instagram, no puedes seleccionar ninguna otra colocación. Si seleccionas la opción de anuncios solo para escritorio, no podrás ejecutar anuncios de Instagram.

Cuando elijas los anuncios de newsfeed, puedes habilitar ubicaciones como los anuncios de columna lateral en Facebook, o los anuncios de messenger.

Hay varios vendedores que piensan que es más fácil ejecutar campañas con sólo Instagram Ads habilitado ya que el formato podría ser más simple. Esto podría afectar negativamente al coste de ejecución de la campaña. Los anuncios de Instagram pueden ser más caros de ejecutar que otras colocaciones de anuncios de Facebook.

Podría ser mejor combinar las ubicaciones y mantener las pujas medias bajas. Esto ayuda a los anunciantes a mantenerse dentro del presupuesto y a obtener mejores resultados.

Paso 5: Presupuesto y calendario

Después de la colocación, se pasa a la elaboración del presupuesto. Tiene dos opciones en cuanto al presupuesto de su campaña publicitaria. Puede establecer un presupuesto de por vida o un presupuesto diario.

La elección de la opción de presupuesto de por vida permitirá a Facebook distribuir tu gasto en publicidad durante un periodo determinado. Así te asegurarás de no gastar más que tu presupuesto de marketing en Instagram, incluso si lo programaste de forma incorrecta.

Puede programar las fechas de inicio y finalización de la campaña o seleccionar la opción de ejecutar el conjunto de anuncios de forma continua. Al establecer una fecha de finalización de la campaña, puede estar seguro de que no se olvida. La fecha de finalización siempre puede ampliarse más tarde si lo desea.

Paso 6: Licitación

Existe un sistema de pujas para los anuncios en Instagram y Facebook. Esto significa que puedes ganar la colocación de anuncios para tu público objetivo si estás dispuesto a pujar más que otros. La puja dependerá de lo que esté optimizando su anuncio. Puede pujar por impresiones, clics, visitas a la página de destino, etc. La puja manual puede permitirle controlar la cantidad que gasta para obtener los resultados que desea del anuncio. Puedes poner un tope a la puja si sabes que hay una cantidad determinada que vale tu lead. Esto le permitirá asegurarse de no gastar más de lo que debería en el anuncio.

También hay que tener cuidado al utilizar la puja manual. Si eliges una puja máxima en lugar de una puja media en tu CPA máximo, podrías acabar perdiendo posiciones. Los anuncios en Instagram suelen costar más que los anuncios en otras plataformas, por lo que tener una puja media podría ayudarte a mantener el control del gasto. Al seleccionar una puja media, permitirás que los anuncios caros se equilibren con otras colocaciones que cuestan menos. No tendrás que hacer ninguna puja manual, y Facebook pujará en tu nombre automáticamente. Las pujas automáticas suelen ser lo suficientemente buenas.

Paso 7: Creatividad a nivel de anuncio

La sección creativa es la última etapa de la creación de un anuncio de Instagram. En este nivel es donde decides lo que dirá tu anuncio o su aspecto. Dado que Instagram es una plataforma visual, esta es una parte muy crucial del proceso.

Formatos de anuncios de Instagram

Puedes utilizar cuatro formatos diferentes para los anuncios en Instagram.

Anuncios de una sola imagen

Pueden ir al grano y ser muy claros. Si quiere un anuncio para un solo producto o para un servicio concreto, este es el tipo de formato que puede elegir. Funciona especialmente bien para cosas que tienen un gran atractivo visual. Para los anuncios de una sola imagen, necesita una imagen con una proporción de 1,91:1. El tamaño recomendado de la imagen es de 1200 x 628pixels. El texto debe ocupar menos del 20% de esta imagen.

Anuncios en carrusel

Si quiere mostrar varios productos a su público, puede optar por utilizar varias imágenes. Este formato le da la oportunidad de profundizar en lo que quiere transmitir a su público. No está limitado a una sola imagen. Puede optar por añadir imágenes y vídeos al carrusel. Añadir un vídeo puede hacer que el anuncio sea más atractivo para los usuarios, pero todo lo que subas tendrá que ser cuadrado y no rectangular.

Anuncios en vídeo

Al igual que en Facebook, los anuncios de vídeo en Instagram se ejecutan en reproducción automática. Tampoco tienen sonido cuando empiezan a reproducirse automáticamente. Si añades subtítulos en el vídeo, puedes incitar a los usuarios a hacer clic para obtener sonido. Dado que los vídeos te permiten añadir una narración al anuncio, debes animar a los usuarios a escuchar con sonido. Los anuncios en vídeo tienen un límite de sesenta segundos. Lo mejor es crear anuncios de vídeo de al menos 15 segundos de duración, aunque puedes elegir cualquier duración hasta los 60 segundos. La anchura mínima de los archivos tiene que ser de 600 píxeles, y el tamaño máximo del archivo es de 4G.

Historias de Instagram

Esto se explicará con más detalle en la siguiente sección, ya que son diferentes de los anuncios normales.

Creación de imágenes y copias

En la última parte del anuncio deberá elegir el texto y los componentes visuales. Puedes seleccionar el vídeo o la imagen en primer lugar, y luego el texto puede basarse en él. Verás que ciertos textos no se pueden aplicar a los anuncios de Instagram.

Por ejemplo, la sección de titulares será visible en Facebook Ads, pero no aparecerá en Instagram Ads. Para comprobar este tipo de cosas, debe previsualizar el anuncio en todas las diferentes ubicaciones antes de publicarlo. De esta manera, puedes asegurarte de que el anuncio tiene el aspecto que habías previsto.

También debe elegir aquí el botón de llamada a la acción. Incluirá opciones como "Enviar mensaje" o "Más información". Selecciona la opción que se alinee con lo que quieres que haga tu audiencia cuando vea el anuncio. También debe tener en cuenta en qué punto del embudo de ventas se encuentran los usuarios cuando elija la opción. Por ejemplo, si te diriges a nuevos clientes, sería mejor elegir "Más información" en lugar de empujarlos a "Comprar ahora".

Paso 8: Conectar la cuenta de anuncios de Instagram a Facebook

Es fácil y rápido conectar la cuenta de anuncios de Instagram con Facebook. En la creación de anuncios, puedes elegir la cuenta de Instagram y la página bajo la que quieres realizar las campañas. La página de Facebook probablemente ya estará vinculada. Si la cuenta de Instagram no está vinculada, tienes dos opciones.

Puedes ejecutar el anuncio de Instagram bajo la página de Facebook. Si no, puedes conectar el gestor de anuncios a la cuenta de Instagram. Para vincular la cuenta, tienes que hacer clic en "Añadir una cuenta". Esto le dará una pantalla de inicio de sesión en la que puede iniciar sesión en la cuenta de Instagram que creó para su negocio.

Estos pasos son todo lo que necesitas para publicar anuncios en Instagram. Puede tomar algo de prueba y error para encontrar lo que funciona mejor para tu negocio, así que experimenta con diferentes tipos de anuncios, formatos, audiencias, colocaciones y presupuestos. Si te sientes un poco intimidado por la publicidad en Instagram, puedes optar simplemente por impulsar las publicaciones.

Cómo potenciar las publicaciones en Instagram

Instagram te da la opción de pagar y promocionar una determinada publicación de tu cuenta de Instagram. Cuando impulsas una publicación, deberías ver un aumento de las visualizaciones, los "me gusta" y los comentarios. Sólo puedes elegir la opción de Boost Post si la cuenta de Instagram es un perfil empresarial. Esta opción no está disponible para las cuentas personales. Cuando hagas clic en cualquiera de tus publicaciones, verás la opción "Promocionar" debajo de la imagen o el vídeo.

Una vez seleccionada la opción Promover, puede elegir el objetivo que tiene en mente para este puesto. Aquí hay dos opciones, a diferencia de las distintas opciones de la publicidad:

- Consigue más visitas al perfil y al sitio web. Aquí puedes elegir enviar a los usuarios a tu perfil de Instagram o a tu sitio web. Puedes elegir entre botones CTA como Ver más, Comprar ahora, Registrarse, Aprender más, Reservar ahora y Contactar.
- Llegar a personas cercanas a una dirección. Esto le ayuda a elegir la ubicación desde la que desea dirigirse a un público. Puede elegir un botón CTA que indique Cómo llegar o Llamar ahora.

Tendrás que elegir el botón CTA para el post promocionado y luego establecer tu presupuesto. También deberás indicar durante cuánto tiempo quieres que se promocione el post. Antes de enviar el post para su promoción, aprovecha para previsualizarlo y hacer los cambios que creas necesarios.

Supervisar los anuncios de Instagram

Los anuncios de Instagram pueden ser monitoreados con el Administrador de Anuncios. El panel de control te dará todo lo que puedas necesitar ver en una visión rápida. Esto incluye el coste por acción, la puntuación de relevancia, etc. Podrás ver el alcance de tu anuncio, pero este número no es tan importante como podrías pensar. Los resultados del anuncio son la métrica principal en la que debe centrarse.

Hay que vigilar de cerca el rendimiento del anuncio mientras se ejecuta. Su CPC puede aumentar cuando la frecuencia se incrementa, pero otras métricas pueden hundirse. Al supervisar de cerca la campaña, comprenderá qué está funcionando en el anuncio y qué no. Las campañas inefectivas pueden entonces ser pausadas antes de que cuesten más de lo que valen. Entonces puede reubicar este dinero para otra campaña que tenga un mejor rendimiento y le proporcione un mejor ROI.

Anuncios en Historias de Instagram

Ahora vamos a hablar de la ejecución de anuncios en Historias de Instagram. Estos son una parte del sistema de anuncios de Facebook, pero funcionan de manera un poco diferente. Estos anuncios solo pueden ejecutarse por sí mismos y no funcionan como los anuncios del newsfeed. Esto significa que no puedes ejecutar estos anuncios con otras colocaciones bajo el mismo conjunto de anuncios. La creatividad, así como los requisitos técnicos de los anuncios de historias de Instagram, son bastante diferentes. Podrás seguir utilizando las mismas opciones de puja, segmentación, presupuesto y programación, pero las similitudes entre los anuncios de newsfeed y los de la historia terminan ahí.

Objetivos de los anuncios en Historias de Instagram

La colocación de tu anuncio en Historias es diferente a la de los anuncios de newsfeed, y los objetivos son diferentes. A continuación, se detallan los objetivos que puedes elegir:

- El alcance se centrará en mostrar el anuncio a un mayor número de personas
- Las visualizaciones de vídeo permitirán que el anuncio sea visto por el mayor número de personas posible
- Las conversiones ayudarán a impulsar conversiones como las ventas y los registros
- Tráfico se centrará en enviar más tráfico a su sitio web
- La generación de clientes potenciales consiste en abrir un formulario que se rellenará automáticamente con toda la información posible del usuario
- Las instalaciones de la aplicación móvil animarán a más usuarios a descargar su aplicación

Por lo general, es mejor elegir Conversiones, Tráfico, Instalaciones de aplicaciones móviles o Generación de clientes potenciales en lugar de Alcance y Vistas de vídeo. Tiene la opción de añadir un enlace a su anuncio de historia cuando elige las opciones anteriores. Esto hace que el anuncio sea mucho más procesable y le dará mejores resultados.

Es posible que con el tiempo haya más objetivos disponibles en los anuncios de la historia. Cuando se lanzó por primera vez, el único objetivo disponible era el alcance. Después de elegir el objetivo que crees que beneficiará a tu campaña, puedes elegir la ubicación de la historia de Instagram.

Requisitos técnicos para los anuncios de historias de Instagram

- Las imágenes deben tener una proporción de 9 x 16
- El tamaño recomendado para la imagen es de 1080x1920 píxeles
- Los vídeos sólo pueden durar 15 segundos
- El vídeo debe tener una relación de aspecto vertical de 4:5
- La anchura mínima de un vídeo es de 600 píxeles
- El tamaño máximo del archivo es de 4 GB
- Se recomiendan los vídeos con formato .mov, .mp4 o .gif.

La única similitud entre los anuncios de historias y los de newsfeed es que debe haber un texto mínimo en las imágenes. Si el texto supera el 20%, su anuncio podría no ser aprobado.

Otra cosa que hay que tener en cuenta es que la estética de las Historias de Instagram es muy diferente a la de los anuncios del newsfeed. Las características de las historias de Instagram son similares a las de Snapchat. Puedes añadir pegatinas, filtros o herramientas de dibujo. Debes hacer que el anuncio sea lo más divertido y atractivo posible con estas herramientas. Aunque esta función es bastante nueva, ha mostrado grandes retornos y engagement para las marcas que han invertido en ella.

Consejos para los anuncios de las historias de Instagram

Atraer al usuario

Debe ser algo que atraiga instantáneamente al usuario y le haga querer verlo. Una vez que el usuario hace clic en el anuncio, éste desaparece y no puede volver a verse. Por eso es importante subir un contenido que capte inmediatamente la atención del espectador y que permanezca en la memoria. Puede optar por el humor para hacer que el anuncio llame la atención, o bien puede utilizar señales textuales atractivas. También puede subir imágenes que hagan que el usuario se detenga un momento y piense.

Subir vídeos

Los vídeos son una forma poderosa de captar la atención a través de las historias de Instagram. Permitirán que tu anuncio permanezca más tiempo en la pantalla, y además tendrás la oportunidad de profundizar en tu punto de vista. Una historia con una imagen solo se verá durante cinco segundos, mientras que un vídeo puede darte un anuncio de quince segundos.

Añade tu marca y logotipo

Dado que las Historias sólo le dan un breve tiempo para causar una impresión, debe haber una clara colocación del nombre de la marca y del logotipo. Esto hará que el espectador recuerde que el anuncio pertenece a su marca y aumenta el reconocimiento de la misma. Incluso si no hacen clic en el enlace adjunto al anuncio lo suficientemente rápido, podrán buscar su marca.

Coste de los anuncios de Instagram

Los costes son un factor importante para cualquier tipo de marketing, y esto se aplica a los anuncios de Instagram. Probablemente quieras utilizar los anuncios de Instagram pero ahora te estás preguntando cuánto te costará. Bueno, hay muchos factores que afectarán a los costes de tus anuncios en Instagram.

Estimar el gasto en publicidad

Cuando la opción de anunciarse en Instagram estuvo disponible por primera vez, se notó al instante que costaba más que los anuncios de Facebook. Los CPAs y los CPCs eran más altos que los de Facebook Ads a pesar de estar bajo una misma campaña. El coste de tu anuncio en Instagram puede fluctuar en cualquier momento. Hay muchos factores como la puntuación de relevancia y el sistema de pujas que afectan al coste del anuncio. Es importante supervisar el gasto del anuncio cuidadosamente ya que el coste de las campañas actuales también puede cambiar cada día. Es imposible establecer un coste concreto por día de un anuncio de Instagram.

Según la investigación:

- El CPC de los anuncios de Instagram aumenta constantemente a lo largo del año
- El CPC no varía mucho según la edad
- El CPC más alto es el de los iPhones y luego el de los iPads.

Cuando ejecute un anuncio, es importante que vigile la puntuación de relevancia y las métricas de frecuencia. Cuando las puntuaciones de frecuencia son muy altas, las acciones se reducen, lo que repercute negativamente en la puntuación de relevancia del anuncio a lo largo del tiempo, pero cuando la puntuación de relevancia es buena, le permitirá mantener los costes de CPC bajos. Es mejor invertir más dinero en una campaña con mejores puntuaciones de relevancia para poder aprovechar al máximo el gasto publicitario.

Consejos para el éxito de las campañas publicitarias en Instagram

Dado que hay mucha competencia en Instagram, tienes que asegurarte de ejecutar un anuncio optimizado para la plataforma. Esto te ayudará a obtener los mejores resultados con el mejor CPC y te permitirá sacar el máximo partido a tu gasto en publicidad.

Probar varios formatos

Siempre es mejor probar todos los elementos del anuncio. Hay que probar varias imágenes, vídeos, textos y formatos. Así podrá ver a qué responde mejor su público. Probar es la única manera de averiguar qué es lo mejor para su negocio o su audiencia.

Subtítulos para vídeos

Como ya se ha mencionado, los anuncios de vídeo de Instagram comienzan a reproducirse sin sonido. Mucha gente sigue viendo el anuncio en modo silencioso sin hacer clic en él para obtener sonido. Esto significa que tu audiencia podría no entender lo que estás tratando de transmitir a través del anuncio. Añadir subtítulos a los vídeos permitirá una mayor posibilidad de llegar al espectador y aumentar las tasas de retención.

Utiliza las imágenes más adecuadas para Instagram

Las imágenes utilizadas en un anuncio de Facebook o de cualquier otra plataforma de medios sociales no necesariamente tendrán un buen rendimiento en Instagram. Instagram es mucho más visual y hay que seguir las tendencias actualmente populares en la plataforma. Las investigaciones han demostrado que las imágenes con colores dominantes únicos, baja saturación, tintes azulados y mucha textura visual tienden a funcionar mejor en la plataforma. No tienes que seguir todas estas demarcaciones para tus imágenes, pero deberían darte una idea de lo que será mejor para los anuncios de Instagram.

Utilizar las listas segmentadas

El marketing segmentado suele funcionar bien en las plataformas de redes sociales. Debe intentar mostrar productos que sean relevantes para audiencias personalizadas. Puede crear los mensajes adecuados para su audiencia a partir de la información que ya tiene sobre ella. Sabrá lo que resuena con este público segmentado y, por tanto, creará el anuncio adecuado teniéndolo en cuenta.

Centrate en lo visual

Lo visual es clave en Instagram. Tienes que subir una imagen o un vídeo que destaque en los feeds de tus espectadores. Mientras tus imágenes sean buenas, una simple descripción de tu anuncio será suficiente.

Sé creativo

Si quieres destacar, sé creativo con tus anuncios. Hacer algo poco convencional con tu anuncio te ayudará a captar la atención del usuario. El marketing inteligente te ayudará a mostrar la personalidad de tu marca. Prueba algo diferente y divertido para tu anuncio de Instagram para que destaque entre otros contenidos.

Hashtags en los anuncios de Instagram

Los hashtags son una parte importante de Instagram, y es la forma en que los usuarios pueden encontrar el contenido o los perfiles que les interesan. Estos hashtags son una parte fundamental de la personalidad de Instagram. Puedes colocar hashtags en todas tus publicaciones de Instagram e incluso puedes hacerlo en un anuncio. No es necesariamente la mejor opción utilizar hashtags en los anuncios de Instagram. Podrían parecer fuera de lugar y demasiado parecidos al spam. Si observas los anuncios de otras marcas, te darás cuenta de que a menudo se abstienen de añadir hashtags en sus anuncios de Instagram, ya que normalmente se ve mejor con una gran imagen y un texto conciso.

Tampoco debes usar hashtags en tu anuncio porque no aparecerá en los resultados de búsqueda para ese hashtag. Esto sucede porque no funcionan de la misma manera que una publicación normal. No necesitas depender de los hashtags para obtener visibilidad, ya que ya estás pagando a Instagram por ello mientras el anuncio está en funcionamiento.

Puedes añadir hashtags si el objetivo es añadir personalidad a los anuncios. Solo debe hacerse en función del copywriting y no de la visibilidad.

Ahora tienes suficientes conocimientos para crear y ejecutar anuncios de Instagram para tu marca con éxito. Recuerda que es probable que haya una gran cantidad de pruebas y errores al tratar de averiguar qué anuncios funcionan mejor para tu negocio, así que no te desanimes si tus anuncios no son rentables desde el principio. Vigila de cerca los resultados que obtienen sus anuncios y modifíquelos en consecuencia. Pronto tendrá una campaña publicitaria rentable y perfectamente orientada a su público.

Capítulo 5: Marketing de influencers

¿Qué es un influencer?

Los influencers son personas con cuentas que tienen un gran número de seguidores comprometidos. Comparten sus opiniones y críticas sobre diversos productos, servicios, temas y cualquier cosa que interese a sus seguidores. Han establecido una presencia que hace que los usuarios confíen en ellos y sigan sus recomendaciones.

Ser un influencer no consiste en tener millones de seguidores. Se trata más bien de tener una gran influencia en las personas que te siguen. Al principio, todo se centraba en los influencers con más seguidores, pero ahora la gente presta más atención a los micro-influencers. Esto se debe a que las cuentas con menos seguidores tienen un mayor compromiso y ROI.

Diferentes tipos de influencers

Existen diferentes categorías de influencers en función de sus seguidores, su contenido y su nicho. Si quieres invertir en marketing de influencers, tienes que entender qué tipo de influencer es más adecuado para tu negocio.

Los cuatro grandes grupos de influencers son:

Mega Influencers

Las cuentas que tienen más de un millón de seguidores son mega influencers. Los grandes personajes públicos o las celebridades suelen ser los propietarios de estas cuentas. Suelen tener una presencia pública establecida incluso antes de crear una cuenta de Instagram. La gente sigue estas cuentas porque les permite estar al día con sus vidas. Sin embargo, otras cuentas consiguen este gran número de seguidores únicamente por el contenido que crean para Instagram.

Macro de influencers

Las cuentas que tienen entre 100.000 y 1 millón de seguidores son macroinfluencers. Pueden ser figuras famosas, como actores, o microinfluencers que han aumentado su número de seguidores con el tiempo.

Microinfluencers

Las cuentas con menos de 100.000 seguidores pertenecen a los microinfluencers. Estos influencers suelen tener un nicho específico en torno al cual crean contenidos. Las marcas contratan sus servicios por la influencia que tienen en ese nicho y el alto ROI que suelen proporcionar.

Nano Influencers

Las cuentas con menos de 10.000 seguidores entran en esta categoría. Aunque su número de seguidores es pequeño, suelen tener una audiencia de nicho y un compromiso muy alto. Las marcas trabajan cada vez más con estos influencers, ya que se trata de una inversión rentable que puede dar mejores rendimientos de los que cabría esperar. Los consumidores conectan mejor con estos influencers y sienten que sus recomendaciones son más genuinas.

¿Qué es el marketing de influencers?

El marketing de influencers tiene diferentes significados para diferentes personas. Pero el significado básico del marketing de influencers es que las marcas aprovechan a los influencers para dirigir más tráfico a sus páginas y obtener mayores conversiones. Es una estrategia de marketing de contenidos en la que una empresa se asocia con un influencer para promocionar su producto o servicio.

El marketing de influencers suele realizarse de las siguientes maneras:

- Publicaciones o historias patrocinadas en Instagram
- Entradas de blog patrocinadas
- Publicaciones patrocinadas en otras redes sociales como Facebook o Twitter

- Eventos patrocinados fuera de línea organizados por una persona influyente o en los que ésta hace una aparición

Las empresas utilizan el marketing de influencers por diversas razones. Algunas marcas quieren que el influenciador ayude a aumentar la conciencia de marca, mientras que otras buscan específicamente más conversiones. El conocimiento de la marca suele ser una de las principales razones por las que las empresas pagan a los influencers.

Instagram es la plataforma más utilizada por los influencers de las redes sociales. A medida que construyen su influencia, tienen la oportunidad de trabajar con el tipo de marcas que más les interesan.

Beneficios del marketing de influencers en Instagram

Se basa en el nicho

Hay muchas maneras en que los usuarios pueden encontrar el contenido de nicho que les interesa en Instagram. La forma más fácil es a través de los hashtags. Cuando los influencers utilizan hashtags específicos de un nicho, los usuarios obtienen acceso instantáneo a ese contenido. Como se ha mencionado, las empresas pueden aumentar la conciencia de marca teniendo hashtags específicos para su marca o campaña. La página de exploración de Instagram es la otra forma en que los usuarios ven las publicaciones relevantes para sus intereses. Instagram utiliza su algoritmo para ofrecer constantemente a los usuarios contenido con el que es más probable que participen. Por ello, el marketing de influencers es una forma estupenda para que las empresas aumenten el conocimiento de su marca. Estos influencers ya han etiquetado su nicho, y el negocio puede aprovechar su base de seguidores.

Es un enfoque orgánico

Los anuncios de Instagram son una gran herramienta para promocionar tu negocio, pero es mucho más orgánico dirigir el tráfico a través del contenido de los influencers. Los consumidores tienen un compromiso en tiempo real con los influencers en Instagram a través de funciones como Directos e Historias de Instagram. Los consumidores se involucran mejor con el contenido de los influencers con el que se relacionan en comparación con los anuncios. Los influencers pueden producir contenido de manera creativa que puede integrar su producto sin problemas en la vida diaria del seguidor. De este modo, el marketing de influencers se parece mucho más a una recomendación de una fuente de confianza que a un anuncio de un extraño.

Es personal

El marketing de influencers ha funcionado mejor que la mayoría de las otras estrategias de marketing debido a la conexión personal entre los influencers y su audiencia. Para tener éxito con el marketing de influencers, es importante aprovechar una relación que sea genuina y atractiva. Cuando una marca emplea a un influencer como embajador de su marca, sus seguidores confían en que la marca también es digna de confianza. Dependen de estos influencers para que les hablen de las marcas a las que deben o no deben comprar. Los influencers ya han construido esta relación, lo que permite que su negocio se beneficie de la relación de su público objetivo con los influencers del nicho. Muchas marcas todavía no se dan cuenta de lo comprometidos que están los seguidores con el contenido de los influencers. Este enfoque personal es raramente posible en cualquier otro tipo de marketing y es una gran oportunidad para que usted haga crecer su negocio.

Cómo encontrar un influencer que apoye tu marca

Si quieres invertir en marketing de influencers, tienes que saber qué debes buscar en un influencer. No se trata solo de encontrar a alguien con el mayor número de seguidores.

Estos son los factores que hay que tener en cuenta a la hora de buscar al influencer adecuado:

¿Se ajustan a tu marca?

Si estás creando una campaña de marketing de influencers, esto es lo primero que debes tener en cuenta. Encuentra un influencer que cree contenido que funcione para tu marca. Si tu negocio vende zapatos, no deberías trabajar con un influencer cuyo nicho sea la comida. Aunque tenga millones de seguidores, esos seguidores están interesados en contenido relacionado con la comida y no con la moda. Si encuentras un influencer de moda que se ajuste a la imagen de tu marca, su contenido sería entonces más útil para tu campaña. Un influenciador de moda que publique sobre los zapatos de su marca parecería más genuino desde la perspectiva del consumidor.

Para decidir si el influencer encaja con tu marca, presta atención a lo siguiente:

- El nicho en el que se inscribe su contenido.
- Los temas que se tratan con frecuencia en sus comentarios e historias.

¿Cuál es tu tasa de compromiso?

No busques a un influencer basándote en su número de seguidores. Las métricas de la tasa de participación son mucho más importantes hoy en día. También debes prestar atención para comprobar si los seguidores generados a partir de su contenido son auténticos o falsos. Si el influenciador paga a un tercero por generar "me gustas" y "seguidores", hará más daño que bien a tu negocio. También será un desperdicio de tu presupuesto de marketing, ya que el retorno de la inversión será mínimo. Prestando atención a la tasa de participación, puedes encontrar a los influencers que realmente ayudarán a tu marca a llegar a los clientes potenciales. Cuando la tasa de compromiso parece estar en línea con el recuento siguiente, puede trabajar con el influenciador. Y como se ha mencionado anteriormente, los nanoinfluencers y los microinfluencers suelen tener mejores tasas de engagement que las cuentas más grandes.

¿Con quién han trabajado anteriormente?

Mira los patrocinadores con los que el influencer ha trabajado en el pasado. ¿Son empresas que complementan su marca? ¿Alguno de ellos es su competencia? Echa un vistazo a los resultados de sus campañas. De este modo, podrás hacerte una idea de cómo podría quedar la campaña de tu marca en su feed.

¿Se comunican bien?

La comunicación juega un papel importante en los negocios, y esto se aplica también al marketing de influencers. Presta atención a la forma en que un influenciador en particular se comunica contigo cuando te pones en contacto con él. ¿Son rápidos en responder? ¿Tardan mucho en responderte o se saltan los plazos? Si no hay una comunicación clara, será difícil cumplir los plazos y los requisitos de contenido. Si no puede confiar en que le mantengan informado en tiempo real, será difícil que la campaña se desarrolle sin problemas.

¿Les gusta tu marca?

Cuanto más auténtico sea el contenido, mejor será. Esto sólo es posible si a tu influencer le gusta realmente tu marca. Se esforzarán de verdad por promocionar tu negocio si les gusta. Si es sólo por dinero, es posible que no se esfuerce mucho. Mira su feed y su actividad anterior para ver si ya han hablado de tu marca antes del patrocinio. Si lo han hecho, puedes estar seguro de que promocionarán tu marca con entusiasmo y creatividad.

Compensación a los influencers

Has decidido invertir en el marketing de influencers. Pero, ¿cómo se les compensa?

Los influencers suelen ser compensados de estas tres maneras:

1. Las marcas les dan productos gratis

2. Se pagan por adelantado

3. Obtienen comisiones como afiliados

Depende de la marca y del influencer decidir el modo de compensación. Diferentes influencers buscan diferentes cosas de una campaña. También depende de lo que la marca quiera ofrecer para el marketing de influencers. Cada influenciador tiene una audiencia diferente y produce contenido de una manera única para su audiencia. Sus métricas de rendimiento también variarán.

Cuando las marcas deciden la remuneración de los influencers, tienen en cuenta lo siguiente:

- **Honorarios de agencias:** Suelen aplicarse a los megainfluencers o macroinfluencers que trabajan con agencias.
- **Gastos de viaje:** Si su campaña requiere viajar, tendrá que tener en cuenta las tarifas de los hoteles, los costes de las aerolíneas, etc. Este es un factor importante a tener en cuenta para los influencers que viajan.
- **Producción:** La cantidad de tiempo necesaria para crear el contenido y qué otros recursos se necesitan.
- **Derechos de uso:** Solicitudes de medios de comunicación de pago, requisitos de exclusividad, etc.

No siempre es fácil decidir el tipo de compensación, la campaña, las métricas de los influencers y los resultados; hay que tenerlos todos en cuenta.

Productos gratuitos

Con este tipo de compensación, la marca proporcionará al influencer productos o servicios gratuitos de su marca. Por ejemplo, si una marca de moda quiere que un influencer promocione su ropa, puede regalarle la ropa. Si un hotel quiere que un influencer de viajes promocione su negocio, puede ofrecerle una estancia gratuita en su hotel. Si al influencer le gustan los productos o servicios de la marca, esta puede ser una buena opción. Los influencers con pocos seguidores y mínima repercusión son muy adecuados para este tipo de compensaciones. Esto también puede utilizarse en casos de campañas como las sin ánimo de lucro. Los influencers que trabajan para este tipo de campañas suelen hacerlo porque se preocupan por una causa concreta o porque les gusta el impacto que tiene su marca.

Compensación pagada

Se trata de una compensación monetaria que se hace al influencer por promocionar la marca. Se determina en función de las tarifas que cobra el influencer y del presupuesto de marketing de la marca. Los influencers que trabajan a tiempo completo en este campo suelen esperar una compensación pagada, ya que es su medio de vida. Los que tienen un gran número de seguidores y un alto nivel de compromiso quieren un pago a cambio de su impacto en la campaña. Los influencers que quieren una compensación pagada suelen tener tarifas y precios predeterminados.

Compensación a los afiliados

Este tipo de compensación consiste en las comisiones realizadas a través de los enlaces de afiliación. Los influencers ganan con los clics y las ventas realizadas desde sus enlaces de afiliación únicos. Este tipo de compensación suele ir acompañada de una cierta cantidad de compensación pagada también.

Con la compensación monetaria, debe establecer una métrica de retorno de la inversión. Puedes establecer tarifas en función de las impresiones o el alcance alcanzado por el contenido. Establecer una tarifa ayuda a controlar los costes y hace que el influencer sea más consciente de sus expectativas exactas de la asociación.

El soporte de los contenidos también desempeña un papel en la determinación de la compensación.

- **Historias de Instagram:** El medio más barato para compensar sería una historia de Instagram. Dado que las historias son sólo temporales y requieren poco esfuerzo, no tienes que pagar tanto como lo harías por una publicación en su feed. Las historias tienen sus propias tarifas, pero los influencers suelen ofrecerlas como un paquete con otros contenidos.

- **Publicaciones de imágenes:** Dependiendo del alcance del influencer, una publicación puede costar desde un par de cientos de dólares para los influencers más pequeños hasta miles de dólares para los influencers más grandes. Varios famosos que colaboran con marcas de alto nivel llegan a cobrar un millón de dólares por publicar sus contenidos.
- **Mensajes de vídeo:** Los vídeos te costarán más dinero ya que requieren mucho más tiempo y esfuerzo. Los influencers con alto engagement suelen cobrar un mínimo de 500 dólares por cada vídeo.

Cómo encontrar influencers

Puedes encontrar personas influyentes para tu campaña de marketing de varias maneras:

A través de Instagram

Puedes simplemente desplazarte por Instagram buscando hashtags relevantes y mirar las cuentas de algunos influencers. Echa un vistazo a su contenido y compromiso y decide si se ajustan a tus necesidades. Si te gusta su contenido, puedes enviarles un Mensaje Directo en Instagram o utilizar su información de contacto personal de la sección Bio para ponerte en contacto con ellos.

A través de agencias de influencia

Hoy en día, muchos influencers han contratado a agencias que gestionan sus proyectos. Puedes ponerte en contacto con una agencia y pedirle recomendaciones. Si ya tienes un influencer en mente, puedes negociar un contrato con la agencia. Ten en cuenta que los influencers contratados por agencias suelen cobrar más.

Una vez que encuentres al influenciador adecuado, puedes configurar una campaña para tu marca. Una vez que la campaña empiece a funcionar, tienes que evaluar las métricas. Es importante hacer un seguimiento de cómo va la colaboración. Y no se trata sólo del número de ventas generadas. Vigila los siguientes aspectos:

- Estudiar la tasa de compromiso de la campaña
- ¿Qué sentimiento sobre la marca ha podido crear el influencer?
- ¿Cuánto tráfico han generado en su sitio web u otras plataformas?
- ¿Cómo fueron las conversiones y qué ingresos se generaron?
- ¿Cuántos nuevos seguidores ha conseguido con la campaña de marketing de influencers?

Evalúa todos estos factores para entender si has obtenido un ROI decente. También deberías dedicar tiempo a evaluar la relación desarrollada entre la marca y el influencer durante la campaña. ¿Fueron buenos comunicadores? ¿Realizaron las entregas a tiempo? ¿Siguieron todos los requisitos mencionados por la marca? ¿Se esforzó el influencer por promocionar la marca? ¿Se esforzó por mejorar la campaña con su aportación personal? Si el influencer establece una buena relación con tu marca, deberías intentar fomentarla también para futuros proyectos. Si no cumple bien, sería mejor buscar a alguien más apropiado para la siguiente campaña.

El concepto de influencia no es nuevo. La gente siempre se ha visto influenciada por aquellos a los que admira. Por ejemplo, si la chica popular del instituto llevaba algo, pronto sería lo que otros llevan también. Del mismo modo, la gente sigue lo que hacen los influencers en Instagram. El concepto de marketing de influencers ha sido muy beneficioso para el comercio electrónico. Los influencers vienen en todas las formas y tamaños con todo tipo de contenido en diferentes nichos. Puede ser una mamá influyente que comparte sus recomendaciones de productos para bebés. Puede ser una influencer de moda que promociona una nueva marca de ropa. Puede ser una persona influyente en el mundo del fitness que hace que quieras levantarte y salir a correr todas las mañanas. Instagram también te permite echar un vistazo a la vida de los famosos o de otras figuras públicas que antes parecían estar fuera de tu alcance. Las marcas pueden aprovechar la influencia que todas estas personas tienen en el público general para hacer crecer su negocio hasta nuevas cotas.

Conclusión:

El marketing en Instagram es mucho más fácil de lo que crees. Siempre que tengas una estrategia y sigas un enfoque paso a paso, podrás utilizar la plataforma en tu beneficio. Hay un gran potencial de crecimiento una vez que empiezas a construir tu marca en Instagram. Es mucho más cómodo que los métodos de marketing tradicionales y también mucho más eficaz.

El primer paso es registrarse y crear una cuenta de empresa para su marca. Empieza a publicar fotos y utiliza los consejos que se dan en este libro para trabajar a partir de ahí. Mantén tu contenido fluyendo con tu público objetivo en mente. Prueba diferentes tipos de publicidad y, tal vez, ¡prueba el marketing de influencers!

Con los consejos proporcionados en este libro, tienes todo lo que necesitas para hacer crecer tu negocio y tu marca en la plataforma de Instagram. Recuerda ser paciente, probar diferentes tipos de contenido, ajustar tus campañas publicitarias para que se adapten a tu público objetivo y ser diligente a la hora de decidir con qué influencers trabajar. Si puedes hacer todo eso, los resultados llegarán sin duda.